Floristika

Obsah

Floristika

Kdo by se nechtěl nechat svést květinovou nádherou pravidelně se střídajících ročních období a vyrobit si sám své malé floristické dekorace? A to nemusíte být hned floristy – profesionály! Možná, že vám chybí jen ten pravý návod nebo nový nápad, abyste si vytvořili kreativní vazby, věnce a ozdoby.

Tato kniha vám poskytne podněty ke zhotovení pěkných květinových ozdob ze živých i umělých květin a rostlin. Krásné dekorace si můžete vytvářet po celý rok a ozdobit si tak svůj domov, nebo je darovat milým lidem.

Jak na to, vám vysvětlíme v této knize. Jednotlivé modely jsou označeny různými stupni obtížnosti od jednoduchých po obtížnější. Nenechejte se vystrašit: s trochou cviku a odvahy se vám jistě podaří i náročnější květinová vazba. A budete se divit, na jak skvělé nápady přitom přijdete sami a propůjčíte tím vašim vazbám více svého originálního rukopisu.

Přejeme vám hodně radosti při vázání!

Květinové ozdoby – kvetoucí tradice

Lidé se těšili z nádhery květin, jejich blahodárného působení, vůně a krásy již odedávna. Kolik jen radosti přinášíme, když někomu darujeme kytici nebo květinový věnec. Květiny jako dárek jsou dnes rozšířeny ve všech společnostech a zemích.

Věnce podobného druhu se nosily ve starém Římě jako ozdoba nebo k osvěžení (z knihy S. Holl, Kouzlené věnce)

V některých zemích se vytvořily dokonce umělecké květinové styly, např. japonská ikebana. Floristika není přitom jen řemeslem, ale také formou umění. Stejně jako malířství a architektura potřebuje i ona znalosti a cit pro proporce a barvy.
I když se v našich zemích stalo vázání květin samostatným povoláním teprve v roce 1910 (v roce 1967 se změnilo ve floristiku), patří v historii lidstva k nejstarším uměleckým řemeslům.
Již Egypťané měli vyvinutou zahradní kulturu. Kolem chrámů a pyramid se rozkládaly velké barevné a umělecké zahrady, které sloužily hlavně k náboženským účelům. Ramses III. rozeslal v roce 1150 př. n. l. podle tradice na počest Amuna, boha plodnosti, miliony květinových vazeb do chrámů v celé říši. Pokud správně čteme staré papyrové svitky a hieroglyfy, používaly se květiny především jako ozdoby a dárky k uvítání hostů.
Také v antice hrály květiny velmi důležitou roli, hlavně při uctívání bohů. Řekové zasvětili svým bohům dokonce i některé květiny a rostliny. Např. růže byla věnována Afroditě, bohyni lásky a krásy, palma Poseidonovi, bohu moře.
Ve starém Římě existovaly první skleníky a v tržištích na Forum Romanum se daly květiny, věnce a kytice také koupit. Okrasné vazby byly určeny hlavně pro oslavy a triumfální průvody. Určitě se každému z vás vybaví vavřínový věnec, který se dával bojovníkům jako dar na vítězoslavnou cestu domů z bitvy nebo atletům za vítězství ve starověkých olympijských hrách. Květinové věnce se nosily na hlavě nejen jako ozdoba, ale sloužily i k osvěžení, přičemž květinám byly připisovány

zvláštní účinky. Lidé byli například odrazováni od účinků narcisů, které platily jako uspávadlo. Květiny a květinové vazby nebyly používány jen k uctívání bohů, ale i jako ozdoby. Dříve i dnes jsou dárkem z lásky. Básník Ovidius dával mužským ctitelům rady, aby darovali květiny a získali tak srdce své vyvolené.

Ve středověku se květiny a květinové vazby používaly především jako ozdoby na stěny, hlavně pro jejich vůni, ale také na ochranu proti zlu. Jednotlivé květiny se našívaly na koberce a šátky a věšely se na stěny, nebo se sypaly na podlahu. V období baroka a rokoka najdeme květiny úplně všude. Zdobily šaty, kloboukové krempy, vozy nebo se nosily jako náhrdelníky kolem krku či náramky na paži.

Rovněž v architektuře najdeme umělecké květinové šlahouny a vazby všech tvarů. Na konci francouzské revoluce získala tradice darování květin větší význam. Protože květinové dárky byly nádherné, nákladné a pomíjivé, ukazovaly na vysoký stav a bohatství dárce.

Působivá je také řeč květin, která se vyvinula v antické Persii a asi v 18. století pak byla znovuobjevena Evropou. Díky použití určitých květin, jejich kombinací a pozicí v květinové kytici, upevnění mašle apod. se mohou květinami předávat různá poselství. Např. růže ve vlasech znamenala odmítnutí ctitele, do kytice zastrčený červený karafiát znamenal vyznání lásky. I dnes má každá květina svůj význam. Potěšte se nadčasovým uměním floristiky! Ponořte se do světa květin, barev a jejich významů. Je jedno, zda vyrobíte kytici, vazbu či věnec pro sebe, nebo jako dárek – určitě vám jejich zhotovení přinese radost.

Květiny jsou již odnepaměti účinným prostředkem, jak si získat něčí srdce (Z knihy 101 nejkrásnějších nápadů z přírodních materiálů, L. Schüro)

VAŠE ZÁKLADNÍ VYBAVENÍ

Následující materiály a pomůcky byste měli mít vždy po ruce. Použijete je častěji a u jednotlivých návodů je již neuvádíme.

- zahradnické nůžky
- nůžky nebo kleště k odstřižení drátu
- nůžky
- ostrý kuchyňský nůž (bez zoubků)
- pravítko nebo skládací metr
- lepicí pistole

TIP: **Některé rostliny, jako třeba jehličnany nebo zimostráz, neztrácejí na atraktivitě ani po uschnutí. Čerstvé květy zase stačí po odkvětu nahradit umělými a dekorace pak vydrží déle.**

Základní pracovní kroky

Věnce

Vázání základního věnce

K vytvoření základního věnce ze sena potřebujete vázací drátek, seno a kovový kruh. K vázání použijte drátek silný 0,3 až 0,7 mm, který koupíte namotaný na dřívku nebo na cívce, z nichž jej můžete snadno odvíjet. Kovové kruhy z vlnitého plochého drátu jsou k dostání v různých průměrech.

1 Na kruh připevněte drátek, abyste jej mohli vést ze středu kolem přikládaného sena směrem ven. Levou rukou přiložte svazek sena, drátek omotejte kolem sena a kovového kruhu směrem ven a utáhněte. Seno přikládejte tak dlouho, až nebude kovový kruh vidět.

2 Drátek pak odstřihněte nůžkami a jeho konec zastrčte do věnce ze sena.

Vázání věnců

Většinu věnců v této knize vážete na základní věnec ze sena, věnec pak má větší objem. S trochou cviku však můžete svazečky zeleně připevnit přímo na kovový kruh.

1 Vázací drátek připevněte na věnec ze sena či slámy nebo kovový věnec tak, abyste jej vedli ze středu přes položené svazečky.

2 Zelené větvičky nastříhejte na kousky velké 10 až 12 cm. Nejprve pokládejte delší větvičky, později pod ně schováte ukončení. Kratší větvičky pokládejte ve svazečcích a vázací drátek veďte přes poslední třetinu předchozího svazečku. Svazeček držte v levé ruce, zatímco pravou vážete (u leváků je tomu naopak). Zelené svazečky pokládejte tak dlouho, dokud není celý věnec uzavřený.

3 Delší větvičky na začátku zvedněte a schovejte pod ně konec drátku. Opatrně: Nesmíte drátkem svázat počáteční větvičky. Pokud by byl tento přechod zřetelný, uvažte na toto místo později mašli nebo připevněte další ozdoby.
Drátek zkraťte a zastrčte do věnce.

Věnce z hmoty na aranžování

Hmota na aranžování je k dostání v různých tvarech, kromě jednoduchých cihliček koupíte také kužely a věnce. Protože pracujete s čerstvými květy, hmotu navlhčete vodou a pak do ní zastrčte květy a rostliny. Aby květy déle vydržely, můžete vazby zvlhčovat i později.
Na suché květy a rostliny používejte hmotu na aranžování pro suché květy. Můžete do ní květy rovnou zastrčit.

TIP: Místo sena můžete k vytvoření základu použít také novinový papír nebo zeleň. Pokud koupíte již hotový slámový věnec, zelené kousky na ně nenamotávejte, ale jen připevněte svorkami, jinak by byl věnec příliš silný.

Mašle

Věnec nebo vazbu můžete ozdobit pěknými mašlemi. A vázání mašlí není tak těžké.

Vázání jednoduché mašle

Konce stuhy položte rovně před sebe. Oba konce pak přeložte ke středu tak, aby se překřížily. Kousek drátku nebo tenké stužky položte ve středu kolem místa překřížení a zezadu drátek stočte, příp. stužku zauzlujte.

Vícečetné mašle

Stuhu položte na plocho na stůl, přičemž jeden konec můžete ponechat delší. Konce stuhy překřižte a uprostřed je uchopte prsty. Proto vezměte stuhu do ruky. Konci stuhy pak poskládejte na každé straně vícero mašlí a uprostřed je svažte drátkem. Pokud ponecháte jeden konec stuhy delší, můžete použít pouze tento konec a vytvořit jím mašli jednou na jednom konci a podruhé na druhém konci.

Připevnění dekoračních dílů

Věnec nebo vazba bude ještě krásnější, když ji ozdobíte různými dekoračními díly. Existují různé metody, jak jednotlivé díly připevnit.

Pomocí lepicí pistole

Větší ozdobné díly připevníte nejlépe lepicí pistolí. Práce s lepicí pistolí má tu výhodu, že nepotřebujete dlouhou dobu schnutí, protože lepidlo uschne ihned. Vytéká z pistole o teplotě asi 100 °C, proto buďte opatrní, popáleniny jsou opravdu bolestivé! Nalepené materiály můžete zase odstranit a nalepit jinam, nejprve však musíte staré zbytky lepidla oškrábat. Tak můžete na věnec připevnit vždy nové ozdoby.

Přidrátování

Suché květy, mašle a další suché díly (= semeníky květů) a ozdobné díly můžete připevnit na drátky.
Dají se pak lépe zastrčit do hmoty na aranžování. K přidrátování použijte drátek o průměru mezi 0,7 a 0,9 mm.
U mnoha dílů můžete drátek jednoduše připevnit na závěsné očko nebo přímo na konec suchého dílu.
U kulatých, uzavřených dílů, příp. podlouhlých dílů postupujte následovně:

U šišky položte drátek kolem spodní třetiny šišky a konce drátku stočte.
U skořice (vcelku) omotejte zlatý drátek kolem jejího středu. Zlatým drátkem pak provlékněte drátek a konce stočte.

Do ořechů nebo jiných uzavřených tvarů udělejte nůžkami dírku a vlepte lepicí pistolí drátek.

U jablečných, citronových a pomerančových plátků provlékněte drátek plodem a konce stočte.

Kolem stvolu dekoračních materiálů, jako jsou např. malá umělohmotná jablíčka, namotejte drátek k prodloužení, ohněte ho, připevněte ke stvolu a v kruhovém pohybu omotejte kolem ohnutého drátku a stvolu jablíčka.

Připevnění svíček

Abyste připevnili svíčky do adventního věnce, použijte drátek silný 1,4 až 1,8 mm. Drátek nejprve rozehřejte nad hořící svíčkou, abyste ho snadněji zastrčili do svíčky. Do každé svíčky vtlačte zespodu dva až tři kousky drátku těsně vedle sebe. Vosk svíčky nechejte zchladnout, teprve pak svíčku zastrčte do věnce.

Velikonoční věnec z vajíček

PRŮMĚR VĚNCE
asi 25 cm

MATERIÁL

- kovový kruh o ∅ 20 cm
- větvičky zimostrázu
- šlahouny muehlenbeckie
- 15 květů modřenců s listy
- 15 bílých umělohmotných vajíček
- vázací drátek silný 0,65 mm
- vrták o ∅ 5 mm
- smirkový papír
- příp. svíčka

1 Větvičky zimostrázu zkraťte na délku 10 cm.

2 Zimostráz po svazečcích připevněte drátkem na kovový kruh, který by měl být z úzkého vlnitého drátu.

3 Do umělohmotných vajíček vyvrtejte na jejich špičaté straně vrtákem dírky a vyhlaďte je smirkovým papírem. Pokud má vajíčko dírku na druhé, tupé straně, uzavřete ji voskem nebo lepicí pistolí.

4 Vajíčka nalepte lepicí pistolí na věnec ze zimostrázu. Kolem věnce a vajíček omotejte šlahouny muehlenbeckie.

5 Vajíčka vyplňte do poloviny vodou a do otvorů zastrčte květy modřence i s listy.

TIP: **Pokud vajíčko dobře nestojí, připevněte pod ně více zimostrázu a lepidla.**

Zimostrázový věnec na dveře

PRŮMĚR VĚNCE
asi 35 cm

MATERIÁL
- kovový kruh o ∅ 20 cm
- seno
- vázací drátek silný 0,65 mm
- větvičky zimostrázu
- 4 šnečí ulity
- 3 květy narcisů
- 2 cibulky narcisů bez stonku
- kůra stromu porostlá mechem
- žlutá ozdobná stuha široká 4 cm dlouhá 2,20 m
- tenká žlutá ozdobná šňůrka s korálky a květy dlouhá 1,10 m
- přírodní lýko

1 Podle popisu na straně 6 uvažte základ věnce.

2 Větvičky zimostrázu zkraťte asi na 10 cm.

3 Zimostráz připevněte podle popisu na straně 7 po svazečcích vázacím drátkem na věnec.

4 Šnečí ulity, kůru stromů porostlou mechem a cibulky narcisů přilepte lepicí pistolí mezi zimostráz. Květy narcisů připevněte lepicí pistolí na věnec a přidrátujte. Malé cibulky květin se stonky připevněte lýkem na věnec zepředu i zezadu.

5 K zavěšení použijte ozdobnou stuhu dlouhou 1,20 m a připevněte ji na věnec. Na závěsnou stuhu připevněte ještě jednu stuhou dlouhou 1,10 m a dekorační stuhu.

TIP: **Po odkvětu můžete čerstvé narcisy nahradit umělými květy.**

Papírový kornout s jarními květy

VÝŠKA MOTIVU
asi 35 cm

MATERIÁL
- papírový sáček velký 32 x 44 cm
- umělohmotný květináč velký 22 x 14 cm
- bílý pryskyřník
- bílé velké sedmikrásky
- fólie na dárky
- lipově zelená stuha široká 7 cm dlouhá 2 m
- světle zelená jutová šňůrka dlouhá 2 m
- světle zelené dřevěné korálky o ∅ asi 1,2 cm dlouhé asi 1,5 až 2,2 cm
- pružné tenké větvičky např. lísky
- bílá sisalová vlákna

1 Pryskyřník a sedmikrásky nasaďte do květináče.

2 Okraje papírového sáčku přehněte dvakrát směrem dolů a sáček vyplňte dárkovou fólií. Tak můžete rostlinu zalévat, aniž by papírový sáček nasákl vodou.

3 Květináč pak vložte do papírového sáčku s dárkovou fólií. Sisalová vlákna omotejte kolem květů a k nim připevněte větvičky.

4 Na jutovou šňůrku navlékněte korálky a udělejte mezi nimi uzly, aby nesklouzly.

5 Stuhu z organzy a ozdobnou stuhu omotejte kolem sáčku a vpředu udělejte uzel. Jutovou šňůrku s korálky nakonec položte na ně a vpředu je svažte na uzel.

TIP: Tento originální obal na květináč se hodí k jednoduchému skandinávskému vzhledu nábytku – je to velmi rafinovaný a rychle vyrobený dárek.

Jarní vázy

VÝŠKA MOTIVU
asi 40 cm

MATERIÁL JEDNA VÁZA
- skleněná váza o ∅ 9 cm vysoká 30 cm
- mech
- větvičky zimostrázu
- 11 voskových korálků o ∅ 1 cm
- březová kůra
- tulipány
- stříbrný drátek silný 0,3 mm
- 3 malé šnečí ulity
- žlutá stuha z organzy široká 4 cm dlouhá 1 m
- oranžová stuha z organzy široká 3 cm dlouhá 1 m
- drátek silný 0,6 mm dlouhý 30 cm
- tyčka silná 5 mm

1 Kolem pevného drátku připevněte stříbrným drátkem mech. Drátek omotejte kolem vázy a změřte si tak její obvod. Drátek odstřihněte, konce stočte a odstřihněte je.

2 Kolem mechového věnce pak připevněte malé větvičky zimostrázu dlouhé asi 5 cm.

3 Na stříbrný drátek dlouhý 85 mm navlékněte jedenáct korálků. Jednotlivé korálky navlékejte na drátek v odstupu 7 cm, mezi korálky drátek stočte. Konce stříbrného drátku stočte a drátek mezi korálky namotejte na dřevěnou tyč, vytvoříte tak pěkné spirálky.

4 Obě stuhy z organzy položte přes sebe a uvažte je kolem horního okraje vázy, příp. je připevněte lepicí pistolí. Zespodu na vázu nasaďte věneček a připevněte jej lepicí pistolí. Kolem drátku omotejte stříbrný drátek s korálky.

5 Šnečí ulity nalepte lepicí pistolí na věnec.

6 Vázu vyplňte mechem a vložte do ní březovou kůru. Tulipány pak zastrčte do kůry a opatrně je zalijte, do vázy nesmíte nalít příliš mnoho vody.

TIP: Malé věnce zimostrázu vypadají nádherně na stole jako dekorace i samostatně.

Věnec s jahodami

PRŮMĚR VĚNCE
asi 31 cm

MATERIÁL
- mechový věnec o ∅ 25 cm
- 8 miniaturních květináčů o ∅ 3,5 cm
- mech
- umělé listy břečťanu (můžete použít i živé)
- 16 umělých jahod o ∅ 3,5 cm
- šlahouny muehlenbeckie
- 30 umělých kopretin o ∅ 5 cm
- červená ozdobná stuha široká 3 cm dlouhá 1,10 m

1 Květináče v odstupu asi 6 cm nalepte lepicí pistolí v různých pozicích na mechový věnec. Mezi květináče pak rovněž lepicí pistolí nalepte vždy dvě jahody. Meziprostory vyplňte kopretinami.

2 Kolem věnce omotejte šlahouny muehlenbeckie. Do šlahounů přilepte lepicí pistolí listy břečťanu.

3 Do květináčů vlepte mech.

4 Věnec nakonec zavěste na stuhu.

TIP: Stejným způsobem vyrobíte věnec ke každému ročnímu období. V létě s mušlemi a sisalovou stuhou, na podzim se zářivými barvami podzimních listů a oranžových lampionků (mochyně) a v zimě s bílými baňkami a peříčky.

Umělé květy trochu jinak

VÝŠKA MOTIVU
asi 30 cm

MATERIÁL

- taška z plsti „Florentina" v červenorůžové barvě
- světle žlutá šňůrka
- 2 dřevěná ucha
- 2 hmoty na aranžování suchých květin velké 23 x 7,5 cm vysoké 11 cm
- 2 bílé umělé růže
- větvička bílých umělých růží
- nevěstin závoj
- umělý šlahoun břečťanu
- světle žlutá sisalová vlákna
- drátek silný 0,6 mm

1 Popis zhotovení tašky najdete přiložený v balení. Jednotlivé plstěné díly spojte žlutou šňůrkou a připevněte ucha (plstěné tašky koupíte ve specializovaných internetových obchodech, nebo můžete použít jakoukoli starší tašku, kterou máte doma a nevíte, kam s ní).

2 Hmotu na aranžování postranně zešikma odřízněte tak, aby se vešla do tašky.

3 Šlahouny břečťanu přidrátujte (viz strana 11) a ze strany je zapíchněte do hmoty na aranžování. Dekorace vypadá lépe, když břečťan na jedné straně tašky visí volně dolů.

4 Stonky velkých růží zkraťte a připevněte je do středu dekorace. Větvičku s květy růží rozdělte a připevněte ji kolem velkých růží. Nevěstin závoj rovněž rozdělte, přidrátujte a zastrčte mezi růže.

5 Sisalová vlákna roztáhněte a zlehka je položte kolem květů.

TIP: Dekorace vypadá nádherně také s živých květů.

Dekorace s gerberou

MATERIÁL

- oranžová gerbera s listem
- 3 snítky nevěstina závoje
- zlatý drátek silný 0,3 mm
- oranžová stuha z organzy široká 4 cm dlouhá 2,30 m
- oranžovozlatá šňůrka silná 3 mm dlouhá 52 cm
- ozdobná jehlice s perlovou hlavičkou
- ampule na vodu pro orchideje o ∅ 1,2 cm dlouhá 7,5 cm

1 Gerberu zasuňte do vodou naplněné ampule na orchideje.

2 Nevěstin závoj po jednotlivých větvičkách odlomte. Jednotlivé větvičky nevěstina závoje dejte dohromady, položte je kolem gerbery a připevněte zlatým drátkem kolem jejího stonku. List přiložte ke gerbeře a připevněte jej rovněž zlatým drátkem ke stonku. Od konce stonku směrem nahoru ke květu omotejte stuhu z organzy, konec zauzlujte a zbytek nechejte volně viset po straně.

3 Zlatou šňůrku omotejte kolem stonku a připevněte ji dole zlatým drátkem. Zlatý drátek pak několikrát omotejte kolem stonku, veďte jej nahoru a omotejte zlehka kolem květu a nevěstina závoje a konec připevněte kolem stonku.

4 Nakonec zasuňte shora do květu směrem dolů ke stonku ozdobnou jehlici.

TIP: Touto elegantní dekorací ozdobíte nádherně svůj stůl.

Letní věnec

PRŮMĚR VĚNCE
asi 28 cm

MATERIÁL

- věnec z hmoty na aranžování čerstvých květin o ∅ 18 cm
- 15 hlaviček růží v pastelových barvách
- 15 zelených hlaviček chryzantém
- 5 modrých static
- 8 makovic
- 8 kapslí černuchy
- 6 bílých pupenů begonií
- 20 listů pittospora
- nezralé ostružiny
- nevěstin závoj
- květy kontryhelu

1 Věnec navlhčete a stonky statice rozdělte asi do dvanácti svazečků.

2 Listy pittospora zastrčte jednou níž a jednou výš na okraj věnce ve vzdálenosti asi 3 až 4 cm od sebe.

3 Růže zastrčte do věnce ve skupinách po třech nebo čtyřech poupatech.

4 K růžím přidejte tři až čtyři květy chryzantém, dvě až tři statice, dvě kapsle černuchy, dvě až tři makovice. Do meziprostor zastrčte tři až šest ostružin.

5 Mezi květy pak ještě zastrčte svazečky nevěstina závoje a kontryhelu tak, aby svazečky vyčnívaly nad ostatní květy.

6 Nakonec připevněte na spodní okraj věnce nad listy pupeny begonií.

TIP: Dávejte pozor na to, aby jednotlivé materiály byly do věnce zastrčeny v různých výškách, jinak by věnec působil staticky. Materiály zastrčte uvnitř věnce velmi těsně vedle sebe, stonky by měly být krátké. Na vnějším okraji jsou stonky delší, vznikne tak půlkruhový tvar věnce.

Koule s růžemi

PRŮMĚR MOTIVU
asi 22 cm

MATERIÁL
- dělitelná polystyrenová koule o ∅ 20 cm
- 107 špendlíků s ozdobnými hlavičkami (můžete je také nahradit normálními špendlíky a na ně navléknout malé voskové korálky o ∅ 6 mm)
- listy vavřínu
- hmota na aranžování živých květin velká 23 x 7,5 cm vysoká 11 cm
- 8 červených hlaviček růží

1 Modelářským nožem nejprve vyřízněte v horní části polystyrenové koule otvor ve tvaru půlměsíce široký 17 cm a vysoký 8 cm. Nejprve si odměřte na horním dílu polystyrenové koule šířku 17 cm a vyznačte ji. Polovinu koule pak položte na stůl, přidržte ji pevně rukou a vyznačenou část vyřízněte.

2 Listy vavřínu položte přes sebe jako šupiny a připevněte je na kouli špendlíky: začněte u otvoru, listy by měly přes otvor trochu přečnívat. Další řadu položte tak, aby listy neležely na sobě, ale byly trochu posunuté do strany, a znovu je připevněte špendlíky. Dbejte na to, aby nakonec polystyrenová koule nebyla vidět.

3 Na okraji koule připevněte listy příčně přes sebe, abyste pokryli polystyren.

4 Hmotu na aranžování odstřihněte tak, aby se vešla do otvoru v kouli. Navlhčete ji a vyplňte jí spodní polovinu koule. Nakonec do hmoty na aranžování zasuňte vedle sebe a přes sebe růže.

TIP: **Jednotlivé okvětní lístky rozhoďte na stůl kolem koule, extravagantní ozdoba stolu pak vypadá kouzelněji.**

Pro pozdní léto

VÝŠKA MOTIVU
asi 45 cm

MATERIÁL
- pšenice
- levandule
- kůra stromů
- hmota na aranžování živých květin velká 23 x 7,5 cm vysoká 11 cm
- miska o ∅ 10 cm vysoká 5 cm

1 Do misky vložte hmotu na aranžování; nejprve ji však ořežte do patřičné velikosti a navlhčete ji.

2 Pšeničné klasy zbavte listů a stonky zastřihněte na stejnou délku. Levandule by měla být o něco kratší než klasy.

3 Pšeničné klasy zastrčte do hmoty na aranžování, začněte uprostřed. Klasy zastrkujte těsně vedle sebe kolem dokola, dokud celou hmotu na aranžování nepokryjete. K okraji misky zastrkejte levanduli.

4 Na okraj misky připevněte lepicí pistolí kousky stromové kůry; kůra by měla přečnívat přes okraj misky, aby ji pěkně zakryla. Pokud vzniknou prázdné meziprostory mezi klasy a kůrou, vyplňte je malými odlámanými kousky kůry.

TIP: Místo hmoty na aranžování živých květin můžete použít také hmotu na aranžování suchých květin, kterou pak již nemusíte vlhčit. Ozdoba vypadá nádherně také s usušenými klasy a levandulí.

Taška se slunečnicemi

MATERIÁL

- taška z plsti „Trento" v černé barvě
- černá šňůrka
- 2 dřevěná ucha
- umělohmotná fólie
- 2 kusy hmoty na aranžování živých květin velké 23 x 7,5 cm vysoké 11 cm
- světle žlutá sisalová vlákna
- drátek silný 0,6 mm
- kukuřice
- 14 lýkových vláken dlouhých asi 1 m
- šlahouny břečťanu
- 14 květů slunečnic s listy dlouhými vždy 30 až 40 cm

1 Tašku poskládejte podle přiloženého popisu a vyplňte ji umělohmotnou fólií (tašky koupíte ve specializovaných internetových obchodech, nebo můžete použít jakoukoli starší tašku, kterou máte doma a nevíte, kam s ní).

2 Obě hmoty na aranžování položte do vody, a když pořádně nasáknou vodou, položte je vedle sebe do tašky, příp. je předtím zastřihněte tak, aby se do tašky vešly.

3 Vpravo zastrčte do hmoty na aranžování větvičky šlahounu, lýková vlákna svažte uprostřed drátkem (viz strana 11) a zasuňte je vlevo do hmoty na aranžování.

4 Kukuřici připevněte na drátky a zastrčte ji za ucho tašky. Stonky slunečnic zešikma odstřihněte, listy odstřihněte a začněte je od středu zastrkávat vedle sebe do hmoty na aranžování. Uprostřed by měly být slunečnice zasazené o něco výše než po stranách. Listy vpředu a po stranách zastrčte pod květy do hmoty na aranžování.

5 Za ucha tašek zastrčte do hmoty přidrátovaná sisalová vlákna.

TIP: Protože listy slunečnice rychle vadnou, můžete použít také jiné druhy listů, např. listy divokého vína nebo břečťanu.

Ozdobná dýně

VÝŠKA MOTIVU
asi 25 cm

MATERIÁL
- dýně o ∅ asi 15 cm
- šlahouny muehlenbeckie
- 20 plodů šípků
- 12 listů břečťanu
- 3 kaštany
- bílý vřes
- rostlina hebe (příp. můžete použít třeba červený vřes nebo bylinky)
- zlatý drátek silný 0,5 mm
- lepicí pistole
- ostrý nůž nebo kráječ na chleba
- lžička

1 Horní část dýně (víčko) odřízněte ostrým nožem nebo kráječem na chleba a dýni lžící vydlabejte.

2 Vřes a rostlinu hebe vyjměte z květináčů a zasaďte je do dýně. Šlahouny muehlenbeckie omotejte kolem rostlin.

3 Šípky a listy břečťanu připevněte na dlouhý kousek zlatého drátku a omotejte jej kolem muehlenbeckie.

4 Před rostlinky nalepte na dýni tři kaštany.

TIP: Z dýňové dužniny můžete uvařit chutnou polévku. Dýni uvařte do měkka, rozmělněte a dochuťte čerstvým zázvorem a Crème fraîche. Dobrou chuť!

Podzimní srdce

VÝŠKA MOTIVU
asi 33 cm

MATERIÁL

- seno
- 2 polystyrenové koule o ∅ 8 cm
- zlatý drátek silný 0,3 mm
- suché okvětní lístky růží
- bobule červeného pepře
- suché květy hortenzie
- suchý vřes v tmavě růžové
- čerstvé listy břečťanu
- kaštany
- voskové korálky o ∅ 8 mm
- tmavě červená stuha z organzy široká 4 cm dlouhá 1,50 m

1 Seno po částech pokládejte přes polystyrenové koule a jednotlivě omotávejte zlatým drátkem. Přikládejte stále více sena a omotávejte je zlatým drátkem, na jedné straně nechejte seno trochu delší. Koule položte vedle sebe tak, aby vytvořily tvar srdce, a přikládejte stále více sena a omotávejte drátkem, dokud tvar srdce nemá potřebnou velikost a tvar. Obzvlášť pěkně vypadá, když špičku srdíčka vypracujete lehce ohnutě.

2 Na srdce ze sena připevněte lepicí pistolí bobule červeného pepře, okvětní lístky růží, květy hortenzie, vřes a kaštany. Na okvětní lístky růží nalepte voskové korálky.

3 Vše omotejte ještě jednou zlatým drátkem. K zavěšení použijte stuhu z organzy, kterou připevněte na drátek a připevněte ji lepicí pistolí.

Adventní věnec

PRŮMĚR VĚNCE
asi 43 cm

MATERIÁL

- kovový kruh o ∅ 25 cm
- seno
- větvičky stříbrné jedle, zimostrázu, túje a tisu
- vázací drátek silný 0,65 mm
- 8 červených svíček silných 2 mm dlouhých 25 cm
- červenobílá károvaná stuha široká 2,5 cm dlouhá 1,20 m
- zlatý drátek silný 0,5 mm
- 4 skleněné figurky sněhuláka a Mikuláše vysoké asi 6 cm
- 14 ozdobných jablíček o ∅ 2 cm
- 4 červené baňky o ∅ 4 cm
- 8 plstěných dílů jedličky, hvězdy, zvonku a soba vysoké 5 cm
- 2 látková srdíčka a hvězdičky z červenobílé kárované látky o ∅ asi 5,5 až 7 cm
- 8 jedlových šišek
- 8 oříšků
- pevný drátek silný 1,4 mm dlouhý 42 cm

1 Podle popisu na straně 6 uvažte základ věnce. Pak podle popisu na straně 7 připevněte na tento základ drátkem větvičky stříbrné jedličky, zimostrázu, túje a tisu.

2 Svíčky přidrátujte na kousky drátku dlouhé 7 cm (viz strana 11). Ve stejných vzdálenostech pak připevněte do věnce vždy dvě svíčky vedle sebe. Dodatečně vše zpevněte lepicí pistolí.

3 Z kárované stuhy dlouhé vždy 30 cm uvažte čtyři jednoduché mašle podle popisu na straně 9, střed mašle svažte zlatým drátkem. Na každou mašli připevněte skleněnou figurku, mašle i s figurkou pak připevněte před svíčky na věnec.

4 Mezi větvičky přilepte lepicí pistolí šišky a oříšky. Baňky přidrátujte a věnec dozdobte jablíčky, plstěnými díly, károvanými srdíčky a hvězdičkami.

TIP: Místo klasické červené barvy můžete použít ozdobné díly a svíčky také v jiných barvách, např. v bílé, krémové nebo zelené.

Vánoční věnec na dveře

PRŮMĚR VĚNCE
asi 43 cm

MATERIÁL
- kovový kruh o ∅ 25 cm
- seno
- větvičky stříbrné jedle, zimostrázu, túje a tisu
- vázací drátek silný 0,65 mm
- zlatý drátek silný 0,5 mm
- červená stuha z organzy se zlatými hvězdičkami široká 4 cm dlouhá 1,40 m
- červená stuha z organzy široká 4 cm dlouhá 1,40 m
- tmavě červená stuha z organzy široká 4 cm dlouhá 1,40 m
- červená papírová šňůrka silná 2 mm dlouhá 1,20 m
- tmavě červená ozdobná stužka široká 6 mm dlouhá 2,45 m
- červená skleněná hvězda o ∅ 8 cm
- červená baňka o ∅ 7 cm
- červená baňka o ∅ 4 cm
- oranžová baňka o ∅ 3 cm
- 2 oranžové plstěné hvězdy o ∅ 4 cm
- oranžový sob z plsti vysoký 5 cm
- 2 červené plstěné jedličky vysoké 5 cm
- sušený plátek pomeranče
- skořice

1 Základ věnce uvažte podle popisu na straně 6. Tři vždy 7 cm dlouhé větvičky túje položte stranou. Připevníte je později na konce stuhy z organzy. Podle popisu na straně 7 pak na základ věnce připevněte svazečky zelených větviček.

2 Věnec přivažte na dvojitou papírovou šňůrku.

3 Na konce stuhy dlouhé 60 cm široké 6 mm nalepte červené baňky o průměru 4 cm a plátky pomeranče. Vše přivažte na papírovou šňůrku. Na konce stuhy dlouhé 1,10 m (široké 6 mm) nalepte červené baňky o průměru 7 cm a skořici. Stuhu připevněte v nestejné výšce. Na zbytek stužky dlouhý 75 cm (široká 6 mm) přivažte skleněnou hvězdu a oranžovou baňku o průměru 3 cm a rovněž v nestejné výšce zavěste na papírovou šňůrku.

4 Vždy na jeden konec 1,40 m dlouhé stuhy z organzy připevněte zlatým drátkem 7 cm dlouhou větvičku túje, druhý konec připevněte jen zlatým drátkem. Stužky pak v nestejné výšce připevněte papírovou šňůrkou. Plstěné díly podle libosti připevněte lepicí pistolí na stužky.

Roh hojnosti

DÉLKA MOTIVU
asi 1,30 m

MATERIÁL
- hmota na aranžování ve tvaru kužele vysoká 18 cm
- ohnutá větev např. buku dlouhá 1,10 m
- větvičky stříbrné jedle, zimostrázu, túje a tisu
- zlatý drátek silný 0,5 mm
- vázací drátek silný 0,65 mm
- pevný drátek silný 0,8 mm
- 3 zlaté baňky o ∅ 6 cm
- světle zlatá baňka o ∅ 6 cm
- 2 hnědé baňky o ∅ 6 cm
- 2 měděné baňky o ∅ 6 cm
- 3 měděné baňky o ∅ 4 cm
- světle zlatá baňka o ∅ 4 cm
- zlatá baňka o ∅ 4 cm
- 3 hnědé baňky o ∅ 4 cm
- 6 sušených plátků jablíčka
- 6 borovicových šišek
- po 3 skořicích dlouhých 4 a 7 cm
- 10 pecek z manga
- 7 lískových oříšků
- 7 sušených kousků kořene zázvoru
- 10 ozdobných dílů „perníček" o ∅ asi 5 cm
- krémová stuha z organzy široká 8 cm dlouhá 70 cm
- keramický anděl vysoký 16 cm
- sáček zlatých vlasů

1 Do hmoty na aranžování ve tvaru kužele zastrčte zahnutou větev a připevněte ji lepicí pistolí. Zelené větvičky nastříhejte na kousky dlouhé 20 cm.

2 Shora pak do kužele po svazečcích zastrkujte zelené větvičky a omotávejte je vázacím drátkem. Technika je stejná jako u vázání věnce (viz strana 7), větvičky pokládejte kolem dokola a také dospod. Přidávejte stále větvičky po svazečcích a pevně je omotávejte. Dozadu přidávejte také zelené svazečky, které jsou tenčí a tenčí, vznikne tak tvar rohu hojnosti.

3 Kolem větviček pak omotejte zlatý drátek.

4 Baňky připevněte na drátky (viz strana 11) a zastrčte je dopředu do kuželu, malé baňky pak připevněte mezi větvičky. Andílka přidrátujte a připevněte jej mezi větvičky. Další ozdobné dílky připevněte na roh lepicí pistolí.

5 Z ozdobné stuhy podle popisu na straně 9 uvažte mašli, její střed omotejte zlatým drátkem. Mašli připevněte na konci rohu hojnosti. Na baňky nakonec připevněte zlaté vlasy.

TIP: Ozdobné díly a baňky jsou jen návrhy na ozdobu rohu hojnosti. Samozřejmě jej můžete ozdobit podle vlastní fantazie a vkusu. Místo pecek z manga můžete použít třeba muškátové oříšky...

Vánoční kytice

VÝŠKA MOTIVU
asi 32 cm

MATERIÁL
- květináč o ∅ 17,5 cm vysoký 15,5 cm
- zlato ve spreji
- hmota na aranžování suchých květin (cihla) velká 23 x 7,5 cm vysoká 11 cm
- 4 červené matné baňky o ∅ 7 cm
- 4 červené lesknoucí se baňky o ∅ 7 cm
- 2 červené baňky o ∅ 6 cm
- 14 matných tmavě červených baněk o ∅ 4 cm
- 5 červených baněk o ∅ 3 cm
- 15 plodů mochyně (lampionky)
- 9 kousků skořice
- 10 sušených plátků pomeranče
- 8 borovicových šišek
- 6 oranžových plstěných hvězdiček o ∅ 4 cm
- 10 jablíček o ∅ 2 cm
- 10 vlašských ořechů
- 10 kousků anýzu
- hvězdička ze skořice o ∅ 10 cm
- větvičky zimostrázu, túje, jedličky a tisu
- sáček se zlatými vlasy
- pevný drátek silný 0,8 mm
- zlatý drátek silný 0,3 mm

1 Květináč postříkejte zlatem ve spreji a nechejte jej pořádně uschnout. Pak jej vyplňte hmotou na aranžování, kterou nechejte asi 2 cm přečnívat přes okraj květináče.

2 Větvičky nastříhejte na kousky dlouhé 15 cm, svažte je a připevněte drátkem, viz strana 11. Rovnoměrně je pak připevněte do hmoty na aranžování. K ukončení si nechejte několik větviček stranou.

3 Baňky podle popisu na straně 11 přidrátujte. Baňky zastrčte mezi větvičky, začněte velkými baňkami. Pak mezi ně zastrčte malé baňky. Z baněk by pak měla vzniknout pyramida. Zelené větvičky, které vykukují mezi baňkami, zkraťte na výšku baněk.

4 Mezi baňky zastrčte rovněž lampionky, oříšky, jablíčka, plátky pomeranče, šišky, zlatým drátkem svázané kousky skořice, plstěné hvězdy, anýz a hvězdu z kousků skořice, kterou můžete přilepit třeba lepicí pistolí. Do meziprostor vlepte pak ještě kousky zelených větviček.

5 Zbytek zelených větviček zastrčte dospodu kolem okraje květináče, vytvoří tak krásné ukončení. Dbejte na to, aby celý tvar zůstal rovnoměrný.

6 Zlaté vlásky roztáhněte a v malém množství je rozdělte na kytici.

Vánoční girlanda

DÉLKA MOTIVU
asi 3 m

MATERIÁL

- větvičky stříbrné jedle
- sisalový provázek silný 1 cm dlouhý 3 m
- červenobílá károvaná stužka široká 4 cm dlouhá 1,40 m
- červenobílá károvaná stužka široká 2,5 cm dlouhá 4,20 m
- 28 různých druhů perníčků o ∅ asi 5 cm
- 28 vlašských ořechů
- 14 jablíček o ∅ 3 cm
- 14 muškátových oříšků
- 14 červených baněk o ∅ 4 cm
- 56 různě velkých šišek
- 14 červených plstěných houpacích koníčků vysokých 5 cm, příp. jiné plstěné ozdoby
- zlatý drátek silný 0,3 mm
- pevný drátek silný 0,8 mm

1 Technika vázání girlandy je v podstatě stejná jako technika vázání věnce (strana 7). Girlandu vážete na sisalový provázek a svazečky větviček pokládejte na provázek nejen shora, ale i zespodu a omotávejte je drátkem. Větvičky dlouhé asi 12 cm přikládejte jako jednotlivé šupiny a pokládejte je na provázek tak dlouho, až není provázek viditelný. Konce drátku zastrčte do girlandy.

2 Károvanou stuhu širokou 4 cm přestřihněte napůl a z kousků dlouhých 70 cm uvažte jednoduchou mašli (viz strana 11). Střed mašle omotejte zlatým drátkem. Mašle pak zastrčte na začátek a konec girlandy.

3 Z kárované stuhy dlouhé 4,20 m nastříhejte kousky dlouhé 30 cm a uvažte z nich 14 jednoduchých mašlí, které rovněž uprostřed omotejte zlatým drátkem a přilepte je lepicí pistolí ve vzdálenosti asi 20 cm na girlandu.

4 Girlandu pak dozdobte šiškami, oříšky, muškátovými oříšky, jablíčky, plstěnými ozdobami, perníčky a baňkami.

TIP: Girlanda vypadá nádherně na zábradlí nebo na rámu u dveří.

© frechverlag, Stuttgart, Germany, 2006. Z německého originálu Sieglinde Holl: Floristik. Překlad © Petra Langrová, redakce Jan Machač, litografie AMOS repro, spol. s r.o., Ostrava, vytiskla Tiskárna Grafico, Opava. České vydání © Nakladatelství Anagram s.r.o., Přemyslovců 832/50, 709 00 Ostrava-Mariánské Hory, v roce 2007, www.anagramsro.cz.